RÉPONSE

A M. LE RAPPORTEUR

SUR LE PROJET

D'UN NOUVEAU CIMETIÈRE

A CANNES

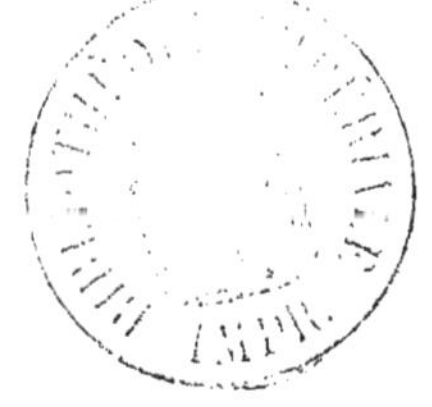

(ALPES - MARITIMES)

AIX
TYPOGRAPHIE REMONDET-AUBIN, SUR LE COURS, 53

1862

A M. A. MACÉ.

MONSIEUR.

Je reçois à l'instant un exemplaire de la délibération du 24 mars 1862 et de son préambule. Vous aurez ma réponse immédiatement : le temps d'écrire et d'imprimer.

Vous me rendrez, Monsieur, cette justice que je ne vous ai jamais nommé dans mon *écrit* imprimé. Vous étiez présent à la délibération du 24 mars, vous avez donc pris part au vote unanime qu'elle contient, et par suite duquel le rapport de la commission est imprimé avec votre nom, comme étant l'auteur de ce rapport. Veuillez donc remarquer, je tiens à bien le constater, que c'est vous qui entrez ainsi de votre personne dans la discussion, et, par conséquent, ne m'accusez pas de faire une personnalité si c'est à vous personnellement que je m'adresse ; vous vous êtes, en agissant ainsi, désigné vous-même comme mon adversaire.

Il paraît cependant qu'un membre du Conseil a lu dans cette séance UN MÉMOIRE contre ce qu'il appelle mon *écrit*. Je ne puis répondre à un mémoire inédit, sur lequel je n'ai même reçu aucune sorte d'indiscrétion.

« Imitons de C..., le silence prudent »

devant la publicité ; sans même répéter son nom, quoique

la délibération me le donne dans la réponse que vous lui faites.[1] J'arrive tout de suite à mon seul adversaire.

Vous trouvez dans mon écrit *un langage qui n'est pas de nos jours* ; c'est sans doute un blâme que vous voulez m'adresser dans cette expression peu compréhensible. Je n'ai pas parlé le langage de nos jours, le vôtre ou celui du Conseil municipal sans doute. Cependant, n'est-il pas vrai que l'on parle pour être entendu et compris, et que, si l'on est compris, on a parlé le langage du jour auquel on a pris la parole? Ai-je été entendu et compris? Hélas, que trop, selon vous, par l'opinion publique. Vous le craignez, et vous vous hâtez de la ramener en lui faisant connaître votre langage. J'ai été compris aussi de vous et du Conseil municipal. J'ai été si bien compris, que de concert vous votez l'impression de votre rapport et de sa délibération. Le Conseil s'est ainsi *écarté des usages ordinaires,* il le déclare lui-même. En effet, le Conseil n'a jamais fait imprimer les délibérations relatives à la propriété de la Marine et à l'exécution du canal de la Siagne, ces deux questions vitales pour l'existence du pays et pour sa prospérité indéfinie. Il n'a jamais fait imprimer les délibérations qu'il a dû prendre contre le chemin de fer qui a enserré dans un infranchissable réseau de fer et d'affreux précipices la plus jolie ville de France. La question du cimetière est moins générale,

[1] On lit, en effet, à la page 1 de l'imprimé de la Commune : « Le « Rapporteur de la commission s'empresse de reconnaître que c'est « lui, et non M. Barbe, qui a proposé le terrain que le Conseil a « adopté. »

mais le Conseil municipal s'y intéresse davantage dans la personne de certains de ses membres.

Votre rapport (p. 11), me reproche d'avoir fait des personnalités. C'est là un reproche banal. Quand on se défend, on est bien obligé de dire par qui et pourquoi l'on est attaqué, et l'on est ainsi accusé de faire des personnalités. Si vous saviez combien il me répugne d'entretenir les autres de ce qui me regarde, vous auriez compris que ces prétendues personnalités n'étaient que les nécessités de ma défense.

Vous avez donc répondu au Membre qui a ouvert la séance et vous croyez votre réponse péremptoire. Permettez-moi néanmoins de vous faire observer qu'elle n'est pas même une réponse. En effet, j'avais dit que ce Membre avait suggéré à la Commission le projet de donner à la ville un *nouveau cimetière?* Ce fait est-il vrai? Il n'y a pas d'autre question. Ce Membre était-il président de la Commission qui devait s'occuper de ce nouveau cimetière? Et vous répondez, avec empressement, que c'est vous qui avez choisi le terrain Gillette. Est-ce là une réponse. Vous avez choisi le terrain Gillette, après que l'abandon du Caroubier a été décidé.

Pourquoi avez-vous choisi le terrain Gillette, au lieu du terrain Hipert? C'est que, dites-vous, en parlant de ce dernier, « son appropriation en cimetière aurait pour « résultat certain de rendre impropres à des construc- « tions tous ces terrains dominants qui, par leur position « accidentée, leur exposition au midi conviennent par- « faitement à des villas (p. 8). » Ai-je dit autre chose, toute la question, entre nous, est de savoir qui est le propriétaire de ces terrains, de cette villa ou de ces villas?

Je vous remercie, au reste, de votre réponse. Elle me met fort à mon aise avec mes compatriotes, car je ne pouvais pas m'expliquer que les amis dévoués que je compte, parmi les Cannois, dans le sein du Conseil municipal, eussent ainsi consenti à me sacrifier, parce que je n'étais plus leur collègue. Vous-même, Monsieur, j'en ai la conviction, si vous m'aviez trouvé assis à vos côtés dans le Conseil, vous n'auriez jamais découvert au terrain Gillette toutes les perfections que vous croyez reconnaître en lui. Entre gens qui vivent ensemble, il y a des rapports forcés de bon voisinage. Aussi, n'ai-je que le droit de me plaindre d'avoir été absent de Cannes.

Avant d'entrer dans la discussion, finissons-en avec le préambule.

Vous reconnaissez, quelle qu'en soit l'explication que vous en donnez, qu'il y aura à Cannes deux cimetières, celui des tombeaux et celui de tout le monde, le riche et le pauvre. Si le premier reste ouvert, on continuera d'y élever des tombeaux. Le *Caroubier* deviendra, après quelques générations, le livre d'or des habitants du pays, on dira il a sa tombe au *Caroubier*, pour dire c'est une des bonnes familles du pays, une des plus anciennes.

Vous vous prévalez de la vaste superficie du terrain Gillette, je vous ai prouvé que celle du *Caroubier* et du terrain *Hippert*, réunies, était la même. Les chiffres que vous donnez sont plus élevés. Mais est-ce que vous avez la prétention de comprendre dans le terrain du cimetière la partie de la propriété Gillette qui est sur les bords du Rhiou, à 100 ou 150 mètres en contre-bas du plateau. N'y aurait-il pas là une *irrégularité des plus choquantes ?*

Vous parlez des différentes communions religieuses qui ont des représentants à Cannes. Mais elles auront à prendre le terrain qui leur revient dans le cimetière agrandi comme dans un cimetière nouveau, et tout aussi convenablement choisi, pourvu que l'administration locale n'y mette pas des entraves.

« Quant aux autres objections ou erreurs contenues dans la réponse, » vous vous gardez bien d'y répondre ou de les relever. J'en tire cette conclusion : Que vous n'avez rien à dire contre elles.

Vous revendiquez donc l'honneur d'avoir choisi le terrain Gillette.

Votre choix entraîne la ruine d'une grande partie de ma fortune, pouvais-je le connaître sans protester. La propriété de mon père est une des plus considérables de l'amphithéâtre de Cannes, dans ce périmètre. Sa position est des plus accidentées, son exposition est complètement au midi, on lui a proposé d'y construire des villas au nombre de sept. Vous la dites exposée aux vents ; n'en croyez rien : sa partie inférieure touche au vallon des Vallergues, le lieu le plus abrité de Cannes. Ces caractères-là, vous les avez proclamés comme des titres inviolables à la protection de l'autorité, dans les terrains qui dominent le Caroubier ; perdraient-ils ailleurs à vos yeux ce magnifique privilége ? La mode, pendant longues années, n'a vu à Cannes que le quartier de *Peire-Longue*, à l'Ouest, sur la route de Fréjus ; elle s'est tournée aujourd'hui à l'Est, vers la Croisette, sur la route d'Antibes ; elle se portera bientôt, n'en doutez pas, elle s'y porte déjà, sur la route de Grasse, parce qu'elle est la plus pittoresque, et qu'elle n'a pas contre elle le voisinage trop rapproché du chemin de fer, avec son cortège d'inconvénients de toute sorte, et pendant le jour et pendant la nuit.

Je me serais soumis sans protester, si j'avais été dans le rayon légal de ces servitudes. Mais vous violez contre moi la loi, qui est ma sauvegarde ; j'ai le droit de me défendre et de protester très haut ; est-ce envers et contre tous, et non, ce n'est que contre vous et quelques membres du Conseil, la plupart intéressés dans la question. Quoi de plus naturel.

Vous avez cependant trouvé la preuve, dans ma défense, que « l'intérêt privé est toujours un mauvais con- « seiller » (p. 11). Vous ne voyez pas l'intérêt privé des autres du même œil que le mien. Vous oubliez, dans cette partie de votre rapport, que vous aviez déjà dit que « si l'autorité ne doit jamais se laisser guider par des « intérêts privés, *il est de son devoir* cependant *de les « protéger*, surtout quand par leur nature et leur éten- « due ils forment presque un intérêt général » (p. 8).

Vous faites un devoir à l'administration de protéger les intérêts privés, surtout quand ces intérêts-là ne veulent pas la guider.

Les intérêts privés que vous froissez par votre projet forment un intérêt général bien autrement considérable que ceux pour lesquels vous croyez avoir pris l'initiative de revendiquer la protection de l'autorité.

Croyez-vous que l'intérêt privé seul soit toujours un mauvais conseiller, et que l'amour-propre d'auteur ne soit pas une cause encore plus obstinée d'aveuglement.

Or, vous êtes l'auteur du projet Gillette. Voulez-vous me permettre de voir les épreuves par lesquelles ce projet a passé.

Le Conseil municipal nomme une commission pour l'examiner. Vous avez deux voix pour votre projet et une contre ; — échec au rapporteur, c'est d'un exemple peu édifiant dans l'histoire des commissions (p. 3 et 4).

Le Conseil municipal vote lui-même, au nombre de dix-neuf membres. Permettez-moi d'élaguer votre voix et celle des deux conseillers intéressés, comme propriétaires riverains ; sur seize votants qui restent, vous en avez dix pour vous, remettez les deux intéressés, vous en avez douze, mais il y en a six contre votre projet. Six voix contre dix ou contre douze ! Echec encore au rapporteur. Ces sortes de projets ne sont sérieux que quand ils passent à l'unanimité.

Voulez-vous vous rendre compte de la persistance de votre insuccès, le voici. Comment est composée la commission? De trois étrangers et d'un Cannois (p. 3). Le Conseil municipal est composé dans les mêmes proportions. Vous voyez donc bien que les Cannois ne veulent pas de votre projet. Et, en effet, 250 opposants, et non point 228, d'après vos chiffres, se sont réunis dans l'enquête contre votre projet, et il a eu pour lui 21 adhérents. — *Vous êtes 21 dans une population de 8,000 âmes !* — Voilà la décision du suffrage universel ; cette loi infaillible de notre société civile, comme de notre état politique.

Vous avez fait tous vos efforts pour arriver à 21 ; de quel chiffre n'aurais-je pas augmenté le nombre des opposants, si j'en avais appelé aux ouvriers de notre fabrique?

Peu vous importe, sans doute, l'opinion publique des Cannois, puisqu'aujourd'hui Cannes n'appartient plus à ses habitants; qu'elle soit néanmoins pour vous une colonie hospitalière plutôt qu'une conquête, même à prix d'or.

Qu'en est-il des étrangers, hors du Conseil municipal et de son influence?

Cannes doit sans doute beaucoup aux étrangers qui viennent s'établir sur son territoire, mais elle doit tout à lord Brougham qui, en l'adoptant, a fait sa fortune, en créant sa célébrité. Si Cannes est devenue une ville, c'est milord Brougham qui est le fondateur de cette ville nouvelle. Votre projet a-t-il l'approbation du bienfaiteur de notre pays, et de cette colonie qui s'est la première groupée autour de lui, et qui possède à Cannes les intérêts territoriaux les plus considérables? Vous savez avec quelle énergie son patriotisme local a repoussé votre projet.

Dans l'enquête administrative, M. le commissaire enquêteur, qui n'est pas suspect aux étrangers, conclut contre votre projet.

La population de Cannes ne veut pas de votre projet, la partie la plus influente des étrangers le repousse, le commissaire enquêteur conclut à son rejet.

Et vous, l'auteur du projet, vous résistez, avec les

intéressés, et vous obtenez l'assentiment numérique du Conseil municipal. Amour-propre d'auteur?

Et, de cette situation, il en résulte que vous avez pour vous la vérité officielle, celle de Catherine de Russie; vérité destinée à disparaître avec l'administration municipale actuelle, ou même avec un changement de volonté dans cette administration.

De l'autre côté, vous avez l'expression immuable de la volonté populaire, celle qui ne change pas et qui ne se trompe jamais sur ses véritables intérêts et sur ses sentiments.

Votre projet est mauvais, en lui-même, et parce qu'il ne pourrait être exécuté sans détruire les finances communales. Je vais vous le prouver avec vos raisonnements et vos chiffres.

Cannes a son cimetière au Caroubier qu'elle veut agrandir.

Qu'est-ce que le Caroubier? « Un plateau, dites-vous, « qui ne pourra, DANS AUCUN cas, recevoir une destina- « tion autre que celle à laquelle il est aujourd'hui af- « fecté. » (p. 15).

En d'autres termes, c'est un endroit ménagé providentiellement tout exprès, aux portes de Cannes, pour en faire son cimetière.

Mais ce terrain, tel qu'il est, sera néanmoins compris dans l'enceinte de Cannes? Cette objection ne vous embarrasse guère, et je vous en remercie. Cannes n'est pas une ville ordinaire, d'après vous; son climat la place dans des conditions particulières; ce que je m'empresse de reconnaître de tout cœur. Aussi, comme les villes

vulgaires, elle « n'existe pas seulement dans l'agglomé-
« ration des maisons comprises entre les torrents le « Rhiou et la Foux. Elle s'étend réellement plus au-delà, « et on doit considérer comme appartenant à SON EN-« CEINTE TOUT LE TERRITOIRE susceptible d'être bâti et « qui le sera un peu plus tôt ou un peu plus tard » (p. 9).

On voit, en effet, qu'il s'agit d'une ville « qui veut « entrer résolument dans la voie du progrès » (p. 9).

La conséquence du prolongement indéfini de cette enceinte, c'est que le cimetière doit être établi dans cette enceinte, qu'il ne peut en sortir; et qu'il n'y a dès-lors qu'une chose à faire, choisir un terrain, dans cette enceinte, qui DANS AUCUN cas ne puisse être bâti.

Pourquoi le cimetière ne resterait-il pas au Caroubier, ce terrain prédestiné, d'après vos propres constatations? Sa contenance est insuffisante. Ajoutez-y le terrain Hipert.

Q'est-ce que le terrain Hipert, d'après M. Macé?

« Il est contigu au cimetière actuel..... Il est encaissé « et constitue en quelque sorte *la base d'un entonnoir* « dont les bords sont formés par les coteaux environ-« nants » (p. 7). — C'est un entonnoir! vous le dites, c'est-à-dire c'est un terrain qui, comme le Caroubier, « ne pourra, DANS AUCUN CAS, recevoir une destina-« tion autre que celle à laquelle il est aujourd'hui af-« fecté » d'annexe forcée du cimetière.

Comment! on trouve dans l'enceinte de Cannes deux terrains contigus qui, DANS AUCUN CAS, ne pourront recevoir une autres destination que celle de cimetière, et vous repoussez ces terrains, et pourquoi? Quel puissant motif avez-vous pour les repousser?

C'est qu'entre ces deux terrains qui, à l'Est, sont au même niveau, il y a, vers l'Ouest, une différence de niveau, « *ce qui occasionne une* IRRÉGULARITÉ DES PLUS « CHOQUANTES » (p. 7). — Comment, c'est là la cause sérieuse qui vous fait rejeter ces terrains, c'est là son défaut physique et intrinsèque; vous n'en indiquez pas d'autre; nous savons qu'il a le tort de nuire aux villas qu'il empêche de naître; vous lui reprochez aussi un petit défaut moral; mais physiquement c'est là son seul défaut.

Cette irrégularité qui vous choque tant, ne peut-elle pas disparaître? Rien de si facile. Construisez à l'extrémité Ouest un mur de soutenement qui deviendra votre mur de clôture, et l'irrégularité disparaîtra à peu près ou complétement, car la différence de niveau n'est pas aussi grande que vous l'indiquez par des chiffres exagérés.

Votre concession sera, si vous le voulez, comme la courbe que le conseil municipal de Marseille a votée pour la Canebière. La ligne droite est une belle chose, la surface plane aussi; mais il faut quelque peu tenir compte de l'argent dont on a l'administration. Suivez l'exemple de Marseille et permettez au beau absolu de faire une concession à l'utile; l'art à l'utilité publique.

Ce terrain ainsi relevé sera balayé par les vents. Il est déjà balayé par le mistral, n'en déplaise à l'un des deux honorables docteurs signataires du certificat, à qui je me garderai bien de faire la moindre allusion, sûr d'avance de sa réponse.

Cet exhaussement fait aussi disparaître la cause du reproche moral que vous lui adressez; selon vous, le terrain Hipert ne favorisait pas assez le respect humain, parce que l'on est trop vu dans un entonnoir. On sera ainsi moins vu une fois que le terrain sera relevé. Je tire, je l'avoue, la conséquence des propositions de M. Macé, en grande peur d'être contredit par le trop véridique M. de la Palisse, dont elles me paraissent prendre le contrepied!

Reste le préjudice des propriétés voisines qui continuent d'exister comme par le passé. Et, à ce sujet, on ne comprend guère que le même terrain soit à la fois le fond d'un entonnoir, ce qui suppose des bords peu pittoresques, et un gracieux amphithéâtre sur lequel il vous tarde de semer de ravissantes villas.

Le cimetière actuel, agrandi du terrain Hipert, est suffisant pour tous les besoins présents et futurs de la ville de Cannes, à quelque chiffre que la population puisse atteindre. Son étendue sera de 14,500 mètres; d'après vous, elle ne serait que de 13,000 mètres, peu importe. La population de Cannes est de 8000 âmes; sur cette population vous avez, dites-vous, 243 enterrements; soit, je prends votre chiffre. Eh bien! faites vos calculs, la population de Cannes peut quadrupler, c'est-à-dire être portée à *30,000 âmes* et au-delà, et le cimetière du Caroubier agrandi sera encore suffisant.

Et maintenant faisons de la critique en statistique, je n'accepte pas votre chiffre de 243, en supposant qu'il s'agisse bien d'enterrements et non de décès; ce qui n'est pas la même chose dans la discussion de la question technique qui nous occupe. Le chiffre de 243 ne représente pas la mortalité normale de Cannes. Pourquoi ne donnez-vous pas celui de 1861, qui est postérieur ; la délibération est à la date du 26 janvier 1862. Votre travail me fournit une donnée certaine de critique : en 1857, le nombre d'enterrements n'est que de 156 et il serait normalement de 243 en 1860 ; il y a là une différence de deux cinquièmes. Or, l'accroissement de la population n'est pas dans cette proportion ; il n'est, en effet, que de deux huitièmes de 1846 à 1861 ; de 1857 à 1860 il est insignifiant. Le chiffre de 243 est par conséquent un chiffre accidentel dont je n'ai pas à rechercher l'origine. Le chiffre normal est donc 156. — Dans ce cas, la population de Cannes peut atteindre *50,000 âmes* sans avoir besoin de s'occuper du Caroubier. Ce résultat, s'il était atteint, suffirait aux aspirations de notre amour-propre national sur l'avenir de notre pays !

Il n'y a donc aucune nécessité ni dans le présent, ni pour l'avenir le plus éloigné qui puisse faire renoncer au cimetière de nos pères et tel qu'il a été compris par eux avec ses agrandissements successifs. Et, quoique vous puissiez en penser, croyez que les conseils municipaux qui vous ont précédé voulaient le progrès du pays. Ils avaient à leur tête des hommes qui le voulaient également. Je ne parle pas des anciens maires qui sont dans le conseil actuel; mais MM. Louis Sicard, Jean-Baptiste Raybaud, Borniol, le commissaire enquêteur, Rouaze, qui vit naître le port, et tant d'autres que nous avons vus à l'œuvre, étaient des hommes qui voulaient le bien et les progrès de Cannes.

Si le cimetière actuel remplit si bien toutes les conditions de sa destination, pourquoi l'abandonner pour lui préférer un terrain à peine un peu plus étendu et qui offre tant d'inconvénients.

Permettez-moi de revenir sur deux de ces inconvénients, pour les préciser avec des chiffres et vous prouver qu'ils arrivent à être de véritables impossibilités.

Le terrain Gillette est trop éloigné de la ville, légalement parlant et surtout en fait.

Vous donnez (p. 6, en note) des distances sur lesquelles il faut nous expliquer. Je les tiens pour exactes. Mais est-ce que les convois peuvent passer par les chemins de la Ferrage et du Suquet ou aller à *vol d'oiseau* des temples protestants au nouveau cimetière. Ces chemins sont impraticables aux voitures, et dans votre projet on transporte les morts en corbillard. Ces indications sont complétement fautives, comme chemins à parcourir.

Voulez-vous que nous calculions ensemble le parcours véritable qu'aura à faire un convoi? Cannes a deux kilomètres du Rhiou à la Foux. Des maisons situées à la Foux et au-delà, au haut de l'église paroissiale, il y a la même distance, soit 2,000 mètres. De l'église il faut retourner par le même chemin, prendre la route de Grasse, soit 1,400 mètres. — De la route de Grasse au terrain Gillette il y a 1,700 mètres qu'il faut doubler pour le retour en ville, c'est-à-dire 2,400 mètres.

Récapitulons; c'est un total de 6,800 mètres. A 500 mètres près, c'est là le trajet réel que tous les convois auront à parcourir. Avais-je tort de parler, et sans calculer d'abord, de 3 kilomètres et demi. Je me tenais de la moitié en dessous de la vérite.

La distance du Caroubier à l'église n'est que de 500 mètres. M. Macé ne trouve dans cette différence que *quelques mètres de plus* (p. 9). Cette appréciation de sa part donne la mesure des autres.

Je vous porte le défi le plus formel de détruire ces chiffres ; je les écrits sous les yeux de mon pays tout entier, prêt à me désavouer si je ne disais pas la vérité.

Vous voyez que dans ce calcul je néglige le parcours pour se rendre à la maison mortuaire et le parcours pour rentrer chez soi, et dans l'enceinte que M. Macé donne à Cannes, il faut pourtant tenir compte de ces deux distances. Combien de temps faut-il, au pas d'enterrement, pour parcourir et gravir même la plupart du temps SEPT KILOMETRES

> Dans un chemin étroit, *tortueux*, malaisé,
> Et de tous les côtés au soleil exposé.

Le soleil de Cannes ! dont la spécialité est d'être toute l'année au mois d'août fixe. 6,800 mètres ! je n'exagère rien. On n'exagère pas quand on a pour soi la vérité et l'inflexible démonstration des chiffres. La durée d'un convoi prendra une grande partie de la journée ; elle prend déjà beaucoup de temps avec le cimetière actuel. Cela tient à la configuration indéfiniment allongée de Cannes.

Mais, dites-vous, « combien de villes en France ont « leur cimetière à une distance encore plus considérable ? » En France, je n'en sais rien ; en Provence, je vous réponds par l'exemple contraire de Grasse, Nice, Aix et Marseille, nos chefs-lieux et nos capitales.

L'imagination marseillaise, dans ses plus grands écarts, ne s'est jamais avisée de rejeter son cimetière au sommet de la *Viste*. Pourquoi à Nice, ce rendez-vous séculaire de toute l'Europe fashionable et malade, les étrangers n'ont-ils jamais réclamé contre l'existence du cimetière situé sur le point de mire de toute la ville et de son territoire? C'est qu'ils comprennent à Nice ce que l'auteur des *Feuilles d'Automne* dit à *Un voyageur* en parlant de Paris :

« Si voulez, à l'heure où la lune décline,
Nous monterons tous deux la nuit sur la colline
Où gisent nos aïeux.
Je vous dirai, montrant à votre vue amie
La ville morte *auprès* de la ville endormie :
Laquelle dort le mieux ! »

Ne dirait-on pas que ces vers délicieux de sentiment ont été écrits sur la colline du Caroubier. La ville morte n'est pas un établissement insalubre ou même incommode, suivant votre protestation italique. J'avoue que vous pouvez me répondre : des vers, qu'est-ce que cela prouve? Rien, si ce n'est que partout on voit :

La ville morte AUPRÈS de la ville endormie !

Mais passons et arrivons *aux voies et moyens* d'exécution, puisqu'il s'agit d'un projet de la commission qui s'intitule de ces deux noms réunis.

Avant, permettez-moi de vous faire encore une observation. La distance à parcourir est de 7 kilomètres (6,800 mètres) aussi ajoutez-vous : « Cette distance pourra plus « tard être considérablement diminuée en prenant le « chemin de la Ferrage et en suivant, à partir du moulin « à vent, l'ancienne route de Grasse, qu'on pourrait à « peu de frais rendre praticable. »

Cette distance serait diminuée, sinon considérablement, au moins quelque peu par le chemin de la Ferrage. Mais il faut pour cela qu'on ouvre de ce chemin sur la Marine, au centre de Cannes, une rue large de 12 à 15 mètres. Ce projet existe-il ? Je l'ignore.

Le rétablissement de l'ancienne route de Grasse n'entraînerait aucune diminution : la montée enlève le bénéfice de la ligne droite. Vous pouvez en faire l'expérience quand vous voudrez, je l'ai faite à plusieurs reprises au moment de la rectification de la route, il y a une quinzaine d'années. Deux individus partant du moulin à vent, l'un par la route actuelle et l'autre par l'ancienne route, arrivent tous deux en même temps au point de jonction. Ce rétablissement ne serait donc qu'une charge frustratoire au préjudice de la Commune.

Ce rétablissement serait très utile au propriétaire des terrains traversés par la route actuelle. Il éloignerait ainsi des villas que vous voulez voir construire sur les terrains de ce propriétaire, après la disparition du cimetière actuel, le passage même des convois funèbres. Vous voyez comme en croyant servir l'intérêt général on sert involontairement l'intérêt particulier, toujours le même.

Votre projet serait-il aussi bon qu'il est mauvais,

il ne serait pas réalisable. Votre rapport et la délibération ne se préoccupent pas de ce côté pratique de la question.

Le terrain Gillette combien coûtera-t-il?

Je dois poser la question. Car on m'assure que vous n'avez pas fait avec ce propriétaire un traité conditionnel pour l'acquisition de son terrain. Le conseil municipal en avait fait un avec la famille Hipert.

Le terrain Gillette a selon vous 3 hectares 82 ares 15 centiares, 30,820 mètres 15 centimètres. Voulez-vous que nous le mettions à 31,000 mètres. Vous le payerez de 1 fr. à 2 fr. le mètre carré. Depuis la délibération du 24 mars, des terrains ont été achetés, en delà, à des prix bien plus élevés. La propriété Gillette est une des plus belles positions de Cannes, et à Cannes il n'y a que la position qui ait de la valeur, un peu plus tôt, un peu plus tard. Choisissez donc entre 31,000 ou 62,000 fr.

Vous êtes obligé d'opérer dans cette propriété un défoncement, c'est le mot usuel, de 1 mètre 50 centimètres à 2 mètres de profondeur. Là c'est la loi, et il n'y pas à marchander avec la sûreté de nos dépouilles. J'ai assez payé de ces défoncements dans le voisinage et à de moindre profondeur pour pouvoir vous donner quelques aperçus mathématiques. Je mets ce défoncement à 3 fr. le mètre carré; d'après mes comptes c'est bien peu; mais, je le répète, je ne veux rien exagérer, c'est une dépense de 90,000 fr. Il faut faire la terre à la mine et au pic.

Mettons pour le mur de clôture, au hasard, 10,000 fr.

Il faut y ajouter le transfert des tombes.

Sur cette question le conseil municipal N'A RIEN A DE-

CIDER, les concessionnaires sont maîtres d'user de leur droit. Laissons ce transfert à 50,000 fr. Récapitulons, c'est donc une dépense de 212,000 fr.

Je suppose que ces calculs vous les avez faits dans le sein de la commission. Le chiffre de la dépense vous a paru considérable. « Mais, dites-vous, une partie de cette « dépense pourra ne pas être faite immédiatement. » Est-ce que par hasard vous croiriez ne pas faire tout le mur de clôture? Non ; il faudra faire toutes ces dépenses, avant de pouvoir consacrer le terrain Gillette à sa destination de cimetière.

Est-ce tout ? Non. Vous aurez encore à payer l'*expropriation* Negrin ou Levraut. Ici, c'est l'inconnu. Quelques centaines de francs, rien peut-être, ou autant que la valeur totale du cimetière, suivant les hasards de l'expropriation. Le résultat de l'expropriation reflète toujours l'opinion publique, et vous savez les sympathies que cette dernière a pour votre projet.

La Commune peut avoir à exproprier M. Negrin. Il faut qu'elle sache bien, et j'appelle son attention sur ce point, que l'étroite langue de rocher qui termine son terrain devant le mur de M. Levraut est sa propriété, et que cette propriété lui a été reconnue par justice contre M. Gillette.

M. Negrin n'a jamais voulu céder ce morceau de rocher à M. Gillette ni à M. Levraut, il a soutenu même un très long procès pour en être maintenu propriétaire; parce qu'il ne pouvait pas faire différemment. Veuillez en juger.

J'ai besoin ici de me recueillir un moment; car je

vais livrer au public, aux passions d'une discussion irritante, a-t-on dit, la légende de notre foyer de famille, notre part intime de la grande épopée impériale. En effet, en mars 1815, quand Napoléon Ier, quittant son bivouac, prit la route de Grasse, il chemina à pied de Cannes à cet endroit, en compagnie d'un jeune homme de dix-huit ans, qui lui donna tous les renseignements dont il avait besoin sur le chemin qu'il avait à parcourir jusqu'à Castellane, et que celui-ci pouvait heureusement lui donner parce qu'il fréquentait ces pays-là. Arrivé à cet endroit de la route, l'Empereur remercia celui qu'il appelait *Negrin, fils du notaire*, fit ouvrir les rangs et remonta à cheval pour s'élancer vers ce triomphe populaire des cent jours. Ce rocher est pour nous sacré, il est dans notre famille le témoignage matériel de ce souvenir si précieux qui fait que mes enfants peuvent dire à mon père :

— Il vous a parlé grand-*père* !
Il vous a parlé !

De tous *les souvenirs du peuple*, celui-là est à nous. Hélas ! il était à nous, jusqu'à ce jour. — Aujourdhui le voilà livré à tous ! Pouvais-je cependant continuer à me taire, quand nous sommes menacés de voir ce rocher servir de pas au chemin d'un cimetière !

Cela ne sera pas !

Le projet de M. Macé n'est pas possible. Il a des inconvénients immenses et n'offre aucun des avantages du terrain du Caroubier, agrandi de son annexe naturelle.

L'administration supérieure le repoussera et fera ainsi droit aux conclusions de l'enquête et à l'opinion unanime des habitants de Cannes.

Aix, 19 mai 1862.

Pour M. Negrin, notaire,

NEGRIN,

Avocat à la Cour Impériale.

www.ingramcontent.com/pod-product-compliance
Ingram Content Group UK Ltd.
Pitfield, Milton Keynes, MK11 3LW, UK
UKHW012130240726
13965UKWH00005B/2093

9 782013 071697